客室清掃の魔法2
幸循環を生み出す
チーフへの道
編著 セイビ九州
マンガ 松本康史
梓書院
JN119641

まえがき　～本書刊行に寄せて～

本書は、同タイトルの前作『客室清掃の魔法』の続編です。
前編にあたる「幸循環を生み出す客室清掃マジック」編では、客室清掃スタッフになったばかりの主人公が奮闘し、失敗を重ねながらも、その中で〝やりがい〟を見出して「指導者になる」ことを宣言しました。そして今作では、チーフを目指して奮闘します。これは勇気のいる決断です。なぜなら、客室清掃の現場では、このチーフ（現場責任者）が非常に重要な存在であり、責任も重いからです。
チーフは現場でスタッフをまとめ、采配し、作業の進行を管理します。職場の安全管理と業務の遂行につとめ、ゲスト、ホテル、清掃スタッフの全てに気を配らなければなりません。現場が良くなるか、悪くなるかはチーフの腕にかかっていると言っても過言ではないのです。しかし最近は、その責任あるポジションの担い手がいない、というのが大きな問題となっています。
まずは、業界の課題を整理してみましょう。
ホテルの客室清掃には、大きく分けてホテル直営で行う清掃と、委託契約との2通りがあります。それぞれにメリット・デメリットがありますが、抱えている課題は以下の通り、共通しています。

(1) 人が足りない。
(2) 客室清掃管理者の仕事にホテルの方（直営の場合は上司）が満足していない。
(3) ホテルと委託先（直営の場合は運営側と清掃チーム）との関係が良くない。
(4) 客室清掃スタッフの教育・育成ができない。

(1)は前編でも述べた通り、業界を問わず起きている慢性的な問題です。また、(2)は例えば清掃の品質には問題がないが経費が高い、苦情があまりにも多い、スタッフが指示を聞かない、チームワークが悪いことなどが主な原因であり、解決のためには会社の環境と仕組み作りが最も重要になってきますが、現場運営においては責任者の技量も大きくかかわってきます。(3)は、事例によって異なりますが、両者間の相互理解が何かによって損なわれ、互いに向き合えなくなってしまうことで起こります。そして(4)は、主にノウハウの不足の場合とノウハウはあっても時間に余裕がない、手間が取れないなどの原因から起こりがちです。

セイビ九州では、こうした課題を解決し、ホテル業界に貢献していきたいと考えています。これらの課題は当社がもつ豊富な経験と実績、そして優秀なチーフの育成で解決しています。

もちろん、ひとくちに「優秀なチーフの育成」と言っても、決してたやすいことではありません。昔はスタッフの働きぶりを見て、チーフにふさわしい人材を見つけ、ステップアップを促すという方法―いわゆる「登用」が主流だったのですが、現在はそうしたやり方も困難になってきています。理由は、現場スタッフの多様化です。

近年の客室清掃スタッフの属性は、以前のように主婦メインではなく、学生、ダブルワーク、外国人など様々です。また、レギュラー勤務の人ばかりではなく、週に2、3日の出勤といった方が増えています。おのずと仕事のスキルが上達するペースも鈍くなりがちですし、チーフ候補者も限られてきます。そこで当社では、チーフとしての芽が出るのを待つのではなく、最初からチーフ候補として募集をかけ、入社後は一般スタッフと同様に現場での清掃業務を十分に身につけた後で、チーフ研修を行い、責任者としてのスキルや心構えを習得するという手法もとっています。これを従来の「登用」と並行して行うことで、チーフの担い手不足を回避できているのです。

このように、社会の変化や現場スタッフの多様化にあわせて、チーフの育成方法も変化してきていますが、チーフが現場でなすべきことは昔も今も変わりません。スタッフと共に最高のチーム作りと最高の品質とサービスを提供しつつ、業務を最適化すること。そして、その仕事を通してホテルの価値を高めていくこと。これができる人材を育てることが私たちの使命であり、これをもってホテル業界に貢献したいと考えております。

そのような私たちの思いを、今回も分かりやすく〝マンガ〟という形式をとって一冊にまとめました。前編同様、現場スタッフやホテル関係者の皆様などにご協力いただき、その声を反映させつつ、一人の人間の成長物語に仕上げております。

物語の中では、主人公の女性がチーフ研修を受けながら、その業務の厳しさに直面し、色々と悩みながらも成長しようともがき続けます。ここに描かれているのは決して特殊な事例などではなく、客室清掃のチーフ育成の場ではよく見られる光景です。彼女が無事に一人前になれるのか、ぜひ最後までお付き合いいただければと思います。

令和3年9月

株式会社セイビ九州　代表取締役社長

森永 幸次郎

今日から
ここが職場か…
客室清掃の世界に
飛び込んだ藤田翔子
慣れない仕事に戸惑いながらも
ホテルの価値を作りだすことに
やりがいを見出し
チーフ（現場責任者）を
志すことを決めた
今日は　そのチーフ研修の
初日である

えっ！
早めに来たのに
もう着いてるの⁉
お待たせしてしまって
す すみませ〜ん！
たたたっ
大丈夫
まだ15分前だから
遅刻じゃないわ
チーフ・久保

はい 事務所の鍵
え？

フロントから
預かっておいたわ
今日からあなたが
開けなさい

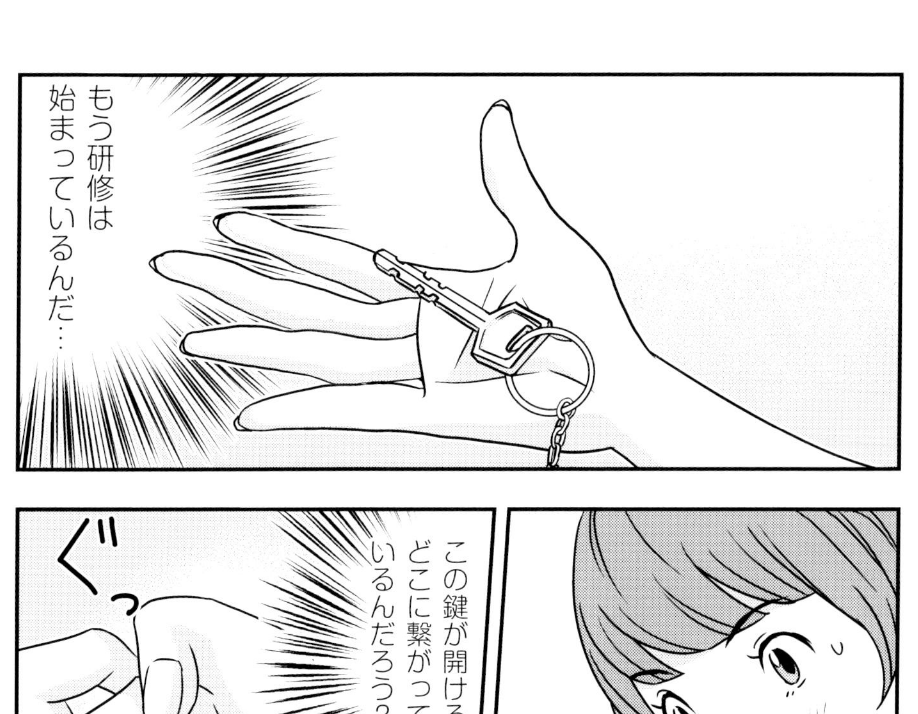
もう研修は
始まっているんだ…
ゴクリ…
ぐっ
この鍵が開けるドアは
どこに繋がって
いるんだろう？

よろしく
お願いします！

HOTEL
KEY
マスターキーとタブレットの受け取り

久保
ホテルからの指示書の受け取り・申し送り

客室日報作成・出勤表チェック
宿泊状況の確認などなど…

リネン庫などの開錠

はーっ
どうしたの?

とてもこんなに
覚えられません…

こんなのまだ序の口よ
今からが本番!
きゅっ
ええっ!

大丈夫 今日は通しで
見てもらっているだけ
だから そのうち覚えるわ

それより
朝礼の時間よ!
は はい!

というわけで
今日からチーフ研修を
行う藤田翔子さんです
ぺこりっ
よろしくお願い
いたします

なんか
アウェー感すごく
ないですか？
考えすぎ！

自分たちの
チーフになる人だもの
当然の反応よ

チームはチーフ次第
優れたチーフは
いいチームを作るけど
未熟なチーフは
チームワークを作れず
ホテルの価値も落としてしまう

スタッフの信頼は
自分で勝ち取りなさい
久保
kubo

はい…
不安だ〜っ

それじゃ まずは
基礎教育から始めましょ
基礎…教育

基礎教育って何をするんですか？
文字通り基礎です

あなたの客室清掃を見せてもらいます
キリッッ

なんだ…いつものことをやればいいのか

511
511号室…ここでいいわ
ガチャッ

はい
スタート！
ピピッ
00:
え？
あ…はい！

ん

大丈夫
現場業務は
得意だもの！

大切なのは…
お客様目線で
仕上げること！

511号室清掃終わりました！
ピッ
18分20秒！時間をかけ過ぎです

ガーン!!

チーフには一般スタッフよりも高い技術とスピードが求められます

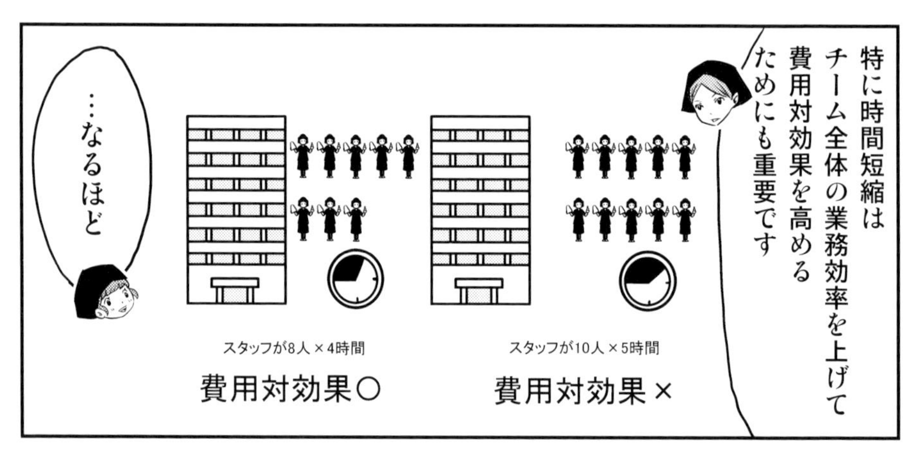
特に時間短縮はチーム全体の業務効率を上げて費用対効果を高めるためにも重要です
…なるほど
スタッフが8人×4時間
費用対効果○
スタッフが10人×5時間
費用対効果×

今の調子だとコスト高
もっとスピードを
意識して 手本に
なりなさい

ただし…
品質は合格！
えっ

この品質を保ちながら
スピードアップする
方法を 自分で開拓して
いってください

それをすることが
優秀なチーフへの
第一歩です
はいっ

ポイント解説❶

チーフの資質

チーフの仕事は多岐にわたります。お客様との関係構築はもちろんのこと、内部を見ると人の管理、時間の管理、コストの管理、情報の管理、品質の管理などがあります。

これらは個別の業務として別個に存在するわけではなく、同じ業務の中で複雑に絡まり合って存在します。人の管理ひとつとっても、適材適所を実現し、時間的・コスト的な効率化を図り、不備があれば厳しく指導しつつも、スタッフの不満に耳を傾ける気配りをする……と、高度な管理能力が求められるのです。

それだけのスキルを、チーフ研修では短期間のうちに教えていかなくてはなりません。おのずと、「チーフを育てるためのチーフ」の存在が不可欠になります。幸い、当社には50年にわたる社の歴史の中で、優れたチーフが何人も育ち、後進の指導に当たってくれています。まさに業界の〝生き字引〟的な存在です。

そうしたチーフの育成担当者による、チーフ研修の序章部分を、ここまでのストーリーで紹介しました。【チーフのモーニングルーティーン】で主人公が戸惑っている通り、チーフの業務量はとても多く、責任も重大です。そして、その責任を遂行するためにはスタッフからの信頼を勝ち得なくてはなりません。

また、【チーフの基礎教育】で描かれているように、チーフには清掃業務のスキルも求められます。自分自身に技術がなければ、きちんと教えることもできないからです。従って、チーフ研修の初期段階は、基本的な業務のおさらいから始めることになります。そこをクリアして、ようやく様々なチーフ業

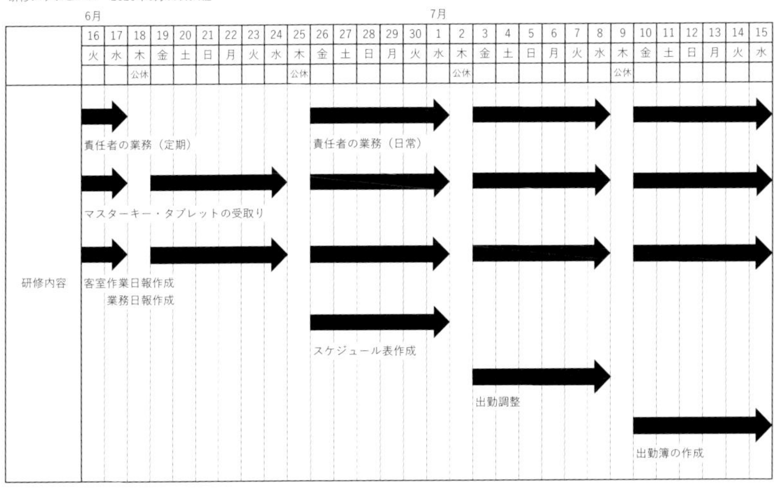

務の実践へと入り、マインド面の教育に進んでいくのです。

とは言っても、全てをシステマティックに進めているわけではありません。チーフの育成マニュアルはありますが、成長の度合いは人それぞれなので、育成担当者はチーフ候補の習得具合や、その人のキャパシティを見極めながら、臨機応変にカリキュラムを組んで進めていきます。

ここで、チーフに求められる資質とは何か、一旦整理してみましょう。セイビ九州が考えている「チーフの基本的資質」は、主に以下の三つです。

(1) 人の役に立ちたい、という気持ちのある人

客室清掃の仕事は、一見単純な仕事に見えるかもしれませんが、実際にやることはとても複雑です。そんな中で、様々な工程をいかに短時間で正確に美しく仕上げるかを考える必要がありますが、この努

力は誰に対して行っているのでしょうか。答えはもちろん「ゲストのため」、そして「ホテルの価値を高めるため」です。

ゲストが快適な客室で過ごし、仕事の疲れをいやしたり、旅の思い出を作ったりする。それが名前も顔も知らない誰かであっても、想像を働かせながら、「もっと美しく、もっと快適に」という気持ちを維持し続けることが大切です。同時に、そうやって生み出された品質は、ホテルの価値だけでなく、そこで働くすべての人の価値を高くしていきます。つまり人の役に立つことが嬉しいと感じられる人が、客室清掃の現場チーフに向いていると言えます。

(2) 前向きな考え方で人を導くことができる人

チーフの仕事で重要なものの一つが「人の管理と育成」です。技術を教えることも必要ですが、多くのスタッフをまとめ、同じ目的に向かって進んでいける強いチームを作っていくことが、高いレベルの仕事を実現する鍵になります。そうした意味からも、面倒見がいい人、みずから先頭に立ってメンバーを引っ張っていくことができる人にこそ適性があります。

厳しいだけでは誰もついて来ず、優しいだけでは現場の規律が緩みます。自分の考えを押し付けるような人もチームワークを乱してしまうでしょう。チームにはいろんな個性の人がいて、考え方も境遇も人それぞれ。そんな多様なスタッフと向き合い、共にやりがいを見いだせる環境を作ることが大切なのです。

(3) あらゆる環境の変化に対応できる人

ホテルの客室には、シングル、ダブル、ツイン、デラックスなど様々なタイプがあります。また、宿泊後の客室は様々で、同じ状態のものはありません。しかし、仕上げのクオリティには同じレベルのものが求められます。限られた時間の中で、どのように対応したらそれを実現できるか。柔軟な対応力と創意工夫が求められるのです。このようなあらゆる環境の変化に対応することが必要です。

初めての事例に直面したり、困難に見舞われたりしても、冷静に判断し、先を見通しながら指示を下せる人、場合によっては自分も清掃スタッフと共に現場作業をこなし、目前の課題をクリアできる人が、スタッフからの信頼を得つつ、安定した品質をホテルにお届けすることができます。

これらの資質を兼ね備えた人が、客室清掃現場でのチーフに向いていると言えます。ただしこれは基本的な資質であって、こうした人材をどうやって育て上げていくかがポイントです。

507号室
終わりました～
チェック
入るわよ
はい！
久保

藤田さん
チェックポイント
を伝えて
はい

バスルームの鏡に
一部水垢 テレビ画面にも
指紋の跡が残っています

それだけ？
は…はい

それじゃ私から補足します

あなたのスピードはこのフロアでダントツです
はいっ！

しかしゴミ箱に食べ物のこびりつき跡がありました
テレビのリモコンも少しベタつき感が残っています

課題は仕上げの丁寧さね
すみませ～ん

♪〜
パタ
パタ

あなた 気づいてたのに
指摘しなかったでしょ？
ギクッ

気を遣ったのか あるいは
嫌われたくないのか
知らないけど
それではチーフは
つとまりません
未熟なチーフは
ホテルの価値も落とします

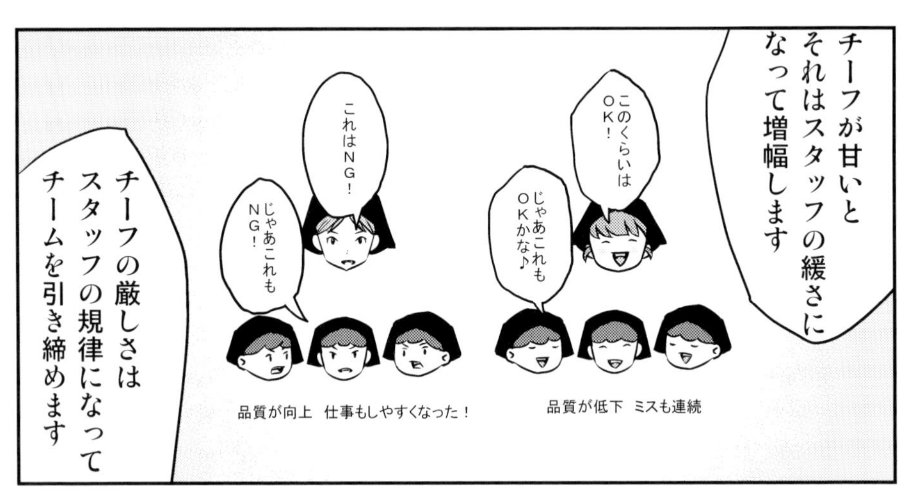
チーフが甘いと
それはスタッフの緩さに
なって増幅します
このくらいはOK！
じゃあこれもOKかな♪
品質が低下 ミスも連続
これはNG！
じゃあこれもNG！
品質が向上 仕事もしやすくなった！
チーフの厳しさは
スタッフの規律になって
チームを引き締めます

もちろんダメ出し
ばかりじゃなく
いいところはきちんと
ほめることも大切！
そうか
だからさっきは…
あなたのスピードは
このフロアでダントツです
ほめ方 しかり方の
加減が身につけば
スタッフのスケジュール
管理も楽になるはずよ
シフト表
博多明太ドールホテル
氏名
14:00
15:00
16:00
17:00
18:00
19:00
久保
佐野
藤田
黒木
飯塚
木村
リン
マルティン
桃山

次はこの
スケジュール管理に
ついて教えます
ぴしぃっ
はいっ！

えーっと…
古賀さんは水曜がNG
中川さんは次の土日がダメで　春日さんが…

藤田さん！
私　来週の木曜は
出られなくなりました！
え？　あ…はい！

藤田さ～ん
最近土日続きなんで
次は休みたいんですが～
は～い！

ええっと…
お名前は…
飯塚で～す！

あれがこうなって
これがああなって
ぷるぷるぷる
藤田さん
ちょっと！
大丈夫!?
久保
kubo

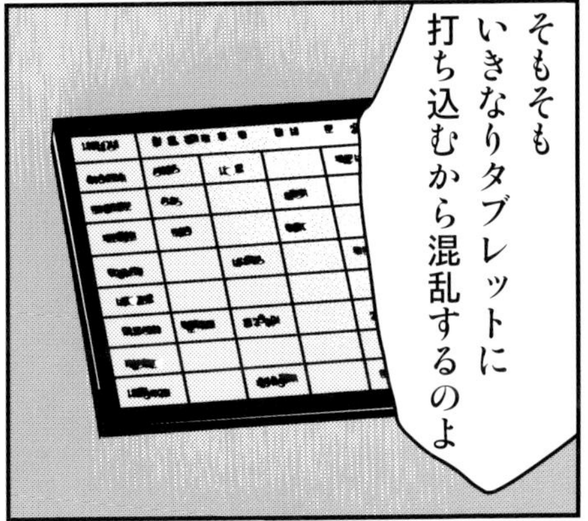
そもそも
いきなりタブレットに
打ち込むから混乱するのよ

スケジュールの希望は
手書きのメモで
渡してもらいなさい
4月20日(水)
お休み希望
黒木

すみません
ＩＴは苦手で…

メモを受け取ったら
そこに受領日時を
追記しておくの
受領日
4月21日
藤田

そうすれば
優先順位がつけやすいし
忘れることもない
でしょう？
名前も一緒に
覚えられますね！

同時に 希望を聞いて
ばかりでもダメ
月曜休み
土日はイヤ
今すぐ返事を！
○○さんは
先週調整したので
今週はこの日程で
合わせてください
こちらの要望も伝えなきゃ
スケジュールなんて
組めないわ

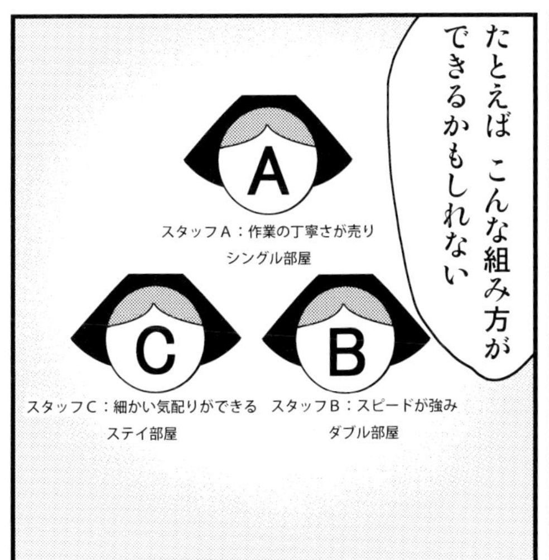

スケジューリングの際には
以上のポイントを
忘れずに！

⑴ スタッフの希望は手書きメモなどでかたちに残す
⑵ 不平不満が出ないよう、ルールに沿ってフェアに決める
⑶ 部屋割りも含め、最も効率的な配置を考える
⑷ 会社のスケジュールに合わせてもらったときは「ありがとう」を忘れずに！

これも
メモしときます！

ある朝──
00−0345−00
携帯
久保さん
メッセージを
送信

えっ
発熱ですか！

…微熱なんだけど
大事をとって…
インフルの
時期ですもんね

いいえ 大丈夫です！
いつも通りにやって
おきますから！

久保さん
あとで通知

久保さん休みか…
心細いな

携帯
飯塚さん
あれ？
今度は飯塚さん？

お子さんがインフル！

どうしよう…
欠員出ちゃった

でも欠員1人くらいなら
なんとかなる！

午後――

どうしよう…
みんな帰っちゃったのに
あと3部屋もある

未熟なチーフは
ホテルの価値も
落とします

藤田さん
!

佐野さん!
どうしてここに
久保さんから本社に
ヘルプの連絡が入ったの

さあチーフ
指示を出して
はい!

郵 便 は が き

料金受取人払郵便

８１２－８７９０

博多北局
承 認
0085

169

福岡市博多区千代3-2-1
麻生ハウス３F

差出有効期間
2023年4月
30日まで

㈱ 梓 書 院

読者カード係 行

ご愛読ありがとうございます

お客様のご意見をお聞かせ頂きたく、アンケートにご協力下さい。

ふりがな お 名 前	性 別（男・女）
ご 住 所 〒	
電 話	
ご 職 業	（ 歳）

梓書院の本をお買い求め頂きありがとうございます。

下の項目についてご意見をお聞かせいただきたく、
ご記入のうえご投函いただきますようお願い致します。

お求めになった本のタイトル

ご購入の動機

1書店の店頭でみて　2新聞雑誌等の広告をみて　3書評をみて

4人にすすめられて　5その他（　　　　　　　　　　　）

＊お買い上げ書店名（　　　　　　　　　　　　　　　）

本書についてのご感想・ご意見をお聞かせ下さい。

〈内容について〉

〈装幀について〉（カバー・表紙・タイトル・編集）

今興味があるテーマ・企画などお聞かせ下さい。

ご出版を考えられたことはございますか？

・あ　る　　・な　い　　・現在、考えている

ご協力ありがとうございました。

ホテルの価値は
絶対に
落とさない！

30分後――
清掃員室

ギリギリ
セーフでしたね
ぐったり
まあね

藤田さん 全部ひとりで
解決しようと
思ってたでしょう？
ギクッ
責任感は認めるけど
気合と根性で
解決しようと
思わないこと！
す すみません！

チーフには
現場状況を先読みする
能力も求められます
トラブル発生が
予測されるときは
「何とかなる」ではなく
「どうするべきか」を考え
ホウレンソー
反省
上司や本社に
報告・連絡・相談をしましょう
必要に応じて周囲に救援要請も！

ポイント解説❷

スキルチェックシート

ホテルの現場では、毎日新しい「何か」が起きるものです。例えば、特殊なお客様の要望に応えなくてはならないことがあったり、スタッフのミスによってイレギュラー業務が発生したり、あるいは不可抗力の事態によって通常と異なる対応を迫られたり……このコロナ禍も、そうした事例のひとつだといえるかもしれません。

しかし、トラブルやアクシデントが起きるたびにパニックになっているようでは、チーフは務まりません。冷静かつ適切な対処ができないといった未熟さは、お客様の信用を失うことに直結します。そのため、業務における想定外をできるだけ減らすこと＝引き出しを増やすことが、様々な場面において正しく迅速な対応を実現することにつながります。

ではどうやって引き出しを増やしていくか。特に、まだ経験の浅い新人チーフにとっては難しい課題ですが、研修中に様々な事例を類型化し、対応策、防止策を教えることでベテラン・新人の経験ギャップをある程度埋めることが可能です。これができるのは、実績が豊富なセイビ九州ならではのことだと自負しております。

物語の【インスペクション】では、〝きちんと伝えること〟の大切さをチーフ育成担当者が教えるエピソードがありました。人と人とのコミュニケーションでは、こうした小さなブレが起きがちですが、それを看過していたのでは良い仕事は望めません。育成担当者が指導している通り、品質を高めるというテーマのもとでは、妥協は許されないのです。

そして、主人公がピンチに陥った【トラブル予測とリスク回避】の話。実際、急な欠員は珍しいことではありません。しかし、それに対して楽天的に構えたり、無理をして背負い込もうとしたりするのは間違いです。業務をシミュレーションし、結果がどうなるかを考え、客観的な判断を下さないと主人公のように追い詰められてしまいます。限られた時間で業務を完遂しなくてはならない客室清掃には、この先読みの能力は非常に大切です。

　このように、様々なシーンを絡めながらチーフに求められる能力について述べてきましたが、ここまで読み進めた上で「私にはとても無理」「自分にはこんな能力はない」と思われる方もいるのではないでしょうか。

　確かに、現場のチーフには多くの能力が求められますし、職務上の責任も重大ですが、誰もが最初から全てを備えているわけではありません。多くの人は研修で、そして日々の業務を通してチーフの能力を培っています。その基準になるのが、次ページの表のような項目です。

　このチェックシートに記載された項目を定期的に見直し、できていること・できていないことを洗い出す「スキルの棚卸」をすることで、現状の課題と今後の目標が見えてくるようになります。そしてそれらを克服していくことで、本人はチーフとしての資質を磨くことができ、それが仕事の成果や、スタッフからの信望につながり、職業人としてのプライドにもつながっていくのです。

　チーフになるということは、ゲストやホテル側へ貢献している実感が増し、やりがいが大きくなるということです。当然、給与がアップするという喜びもあるでしょう。しかし、もっと上を目指す人には、次の目標が必要です。では、それはどんなポジションなのでしょうか。

　実際に、客室清掃のアルバイトとして入ったス

<現場責任者　スキルチェックシート>

※現場責任者として、客室清掃の技術に加え、「考え方・力量」の面において以下の要件を満足することができるか、［A：優秀、B：可、C：努力不足］の評点で評価する。

	A	B	C
■顧客満足			
お客様との良好な関係を築くことができる			
お客様から「好かれる、喜ばれる、感謝される」の実践ができている			
お客様の満足度や関心を掴むことができる			
お客様の不安や苦情を理解できる			
問題の解決・改善ができている			
日々の伝達により、意志の疎通を図っている			
お客様への折衝や改善要望ができる			
契約内容を把握して、職場運営をしている			
■会社満足			
会社の理念や方針に基づき、業務に取り組んでいる			
本社担当者との意思の疎通を積極的に図っている			
現状分析ができる			
問題点が見えている、問題意識がある			
原因の解決策を立案することができる			
ビジョンを描いて、部下に示すことができる			
年間計画（チャレンジシート）、予算達成計画を策定できる			
月間の目標と計画を策定し、毎月の振り返りを行っている			
■組織の充実			
会社、お客様の理念や方針を部下に浸透させている			
組織の安定した体制づくりを心掛けている			
部下の育成計画を立てている			
組織の知識や技術を強化している			
職場に問題意識を持ち、積極的に充実・改善に取り組んでいる			
館内ルールやマナーを説明できる			
部下に組織の目標を示すことができる			
部下に自己目標を立てさせることができる			
部下に目標達成の意欲を持たせることができる			

タッフが、自身の努力によってフロア長になり、さらにチーフを経て、マネージャーに就任、その後は本社で管理職を務めるようになった、という事例があります。こうした人材は、ホテルやゲスト、スタッフに寄り添った目線で業務を考えることができるので、現場で働く人にとってはとても親近感が湧く存在になります。

また、実体験として現場を熟知した管理職というのは、会社にとっても非常に頼もしい存在であり、クライアントであるホテル側にとっても内情を理解した心強いパートナーとなるのです。

一口に「チーフ」と言っても様々なタイプの人がいます。そんな中で、共通して求められる非常に重要な資質がひとつあります。これについては前編でも少し触れたのですが、この物語の主人公はそこに気付くことができるのでしょうか。どうぞ、続きをお楽しみください。

お疲れ様でした
お疲れ様でした

あ 久保さん
お疲れ様でした～
明日もよろしく
お願いしますね

この違い…
私が年下だから心を
開いてくれないのかな？

分かってないわね

でも 久保チーフは
大ベテランだし
みんなが一目置いてー
ぷーーっ
だから
そういうんじゃないの

自分で
考えてみなさい
これは
研修メニューには
ないことだから

―数日後

そういえば
飯塚さんとこ 長男くんは
今年高校受験ですよね?
そうなんですよ~
もうドキドキで

あら 大川さん
髪型変えた?
あっ 気づきました?
少しだけ短く
したんですよ

!

久保さん
分かりました
何が？

久保さんは
スタッフみんなのことが
好きなんですね

久保さんが
みんなのことを好きだから
みんなも久保さんを
好きになる

それが見えない絆
になって 信頼関係が
出来上がっている

まずは 自分から相手を
好きになります

そう！
まずはあなた自身が
変わることが大切ね

翌日──

春日さん！ 飯塚さん！
おはようございます！
今日も頑張りましょう
え？
あ…おはようございます

研修終了の日
藤田さんの研修は本日で終了しました

研修終了おめでとうございます！
わぁ！

パチ
パチ

まだまだ未熟ですが皆さんと一緒なら頑張れそうです
これからも宜しくお願いします！

それじゃ 頑張ってね
本当にありがとう
ございました！

これ
一応渡しておくわ

私のプライベート携帯の番号
いつでも繋がるから

まぁ かかってこないことを
祈りますけど

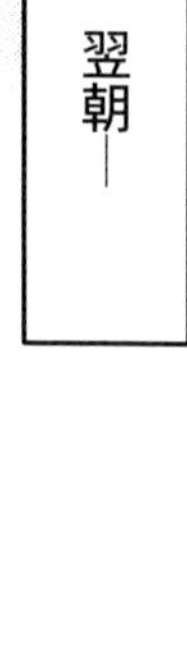
翌朝――

今日から正式に
チーフだ！

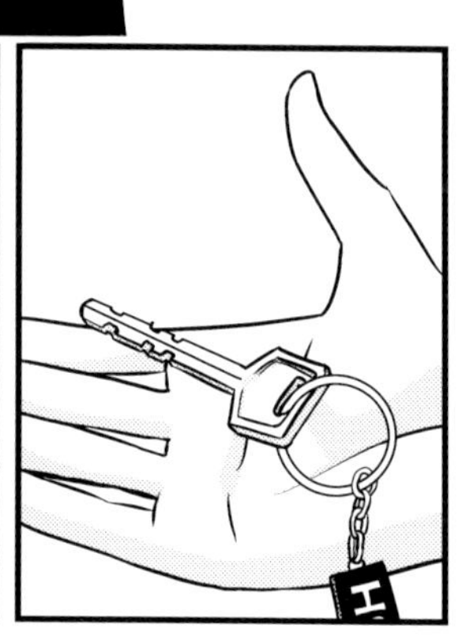

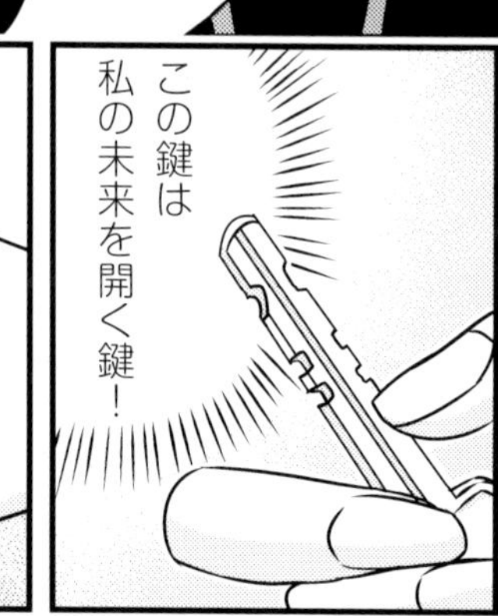
この鍵は
私の未来を開く鍵！

ガチャッ

今日も
最高のホテルを
作ります！

［発刊に寄せて］特別インタビュー

ホテルの歴史を共に紡ぐパートナーとして

～西鉄グランドホテルの50年を支えた客室清掃～

株式会社 西鉄ホテルズ
シティホテル事業本部 取締役本部長 兼
西鉄グランドホテル ソラリア西鉄ホテル福岡 総支配人
十時 寛治

西鉄グランドホテルは、福岡初のシティホテルとして1969年に誕生しました。私は開業11年目に入社し、自身のキャリアとホテルの歴史を重ねながら勤務してきました。その年月を支え、共に歩んできてくれたのがセイビ九州です。

セイビ九州は、開業時から客室清掃と一般清掃を担ってくださっています。以来50年が過ぎ、当ホテルも福岡に根を張っていますが、当然ながらきらびやかさでは新しいホテルにかないません。そうした中でも、老舗ならではの持ち味や、アットホームな雰囲気、心をこめたおもてなしで、今も多くのお客様からのご支持をいただいています。その土台が、ホテルの品質です。
では、「ホテルの品質」とは何でしょうか。これこそ「客室清掃の品質」だといっても過言ではありません。綺麗に仕上げるのは当たり前。完璧のさらに上を目指した清掃を徹底し、ホテルマンたちと「心をこめたおもてなし」を共有しながらホテルの価値を高めようと努力されている点が、セイビ九州のスタッフから見て取れるのです。

ホテルを愛し、ホテルの一員として働く姿

私も、仕事で遅くなった時などに、当ホテルの客室に宿泊することがあります。そんな時には仕事柄、部屋のインスペクションをするのですが、いつも清掃は文句なしのレベルです。
気持ちよく宿泊を終えて、翌朝チェックアウトする際に、廊下で客室清掃のスタッフと出会うと、皆さんいつもピタリと足を止め、壁に背を向け、「おはようございます」「行ってらっしゃいませ」と一礼してくださいます。その姿が実に美しい。客室清掃スタッフの皆さんは私が内輪の人間だとは知らないはずなので、お客様の一人ひとりにこのように接してくれているのだと思うと、とてもすがすがしい気持ちになり、心が感謝で満たされます。
どうすればお客様がより快適に過ごせるか、楽しい旅の思い出を残すことができるかということを考える――これこそがホテルへの愛です。おもてなしの最後の仕上げをするのは、人の心に他ならないのです。

お客様から届いた声

当ホテルでは、アンケートやインターネット上の書き込み、その他お客様の声を集めて、一つひとつに目を通し、改善すべき点があればすぐに現場へフィードバックして対応しています。

ここで、最近お客様から寄せられた声を、いくつか紹介しましょう。

「スタッフの対応・サービスがとても丁寧で気持ち良く滞在することができます。施設は少し古さを感じますが、きちんと管理されていて、アメニティや備品にも細やかなサービスが感じられます」

「いつも西鉄グランドホテルに泊まるのは、家に帰ったようなアットホームな気分になれるから」

「古いけれどもきれいにしてくれているから、安心してゆっくり宿泊できる。くつろげる」

「やはり西鉄グランドホテルはクラシカルで、ホテルマンの対応に品がある。いつも気持ちいいから博多出張の定宿です」

手前味噌ですが、ここ数年はお褒めの言葉ばかりなのです。これは改善の積み重ねの結果であると同時に、客室清掃スタッフがお客様の声に耳を傾け、細やかな対応をしてくれていることの表れだと感じています。

ゲストの笑顔を自分の喜びに

もう一つ、紹介したいエピソードがあります。先日、ロビーのアテンドスタッフから聞いた話です。ある日、アテンドスタッフが勤務中に、ステイのお客様から突然の相談を持ちかけられました。その日が、一緒に宿泊しているパートナーのお誕生日なのだそうで、二人が外出している間に、お部屋の飾りつけをしてサプライズ演出をしてほしい……という依頼でした。

アテンドスタッフは快諾し、客室清掃スタッフと協力しながら、お客様の外出中に清掃と並行してバルーンをディスプレイしたり、タオルでハートを折ったりして客室の飾りつけをしたそうです。もし、この客室清掃スタッフが、清掃を単純に「仕事」と割り切っていたとしたら、「作業ルーティンが乱れる」などと敬遠されていたかもしれません。しかし、このスタッフは一生懸命に協力し、サプライズ演出を一緒に作り上げてくれました。

また、アテンドスタッフがその後バックヤードを通りかかった時に、その客室清掃スタッフが同僚たちに「今日はお部屋で誕生日の飾りつけをしてね……」と嬉しそうにエピソードを披露している姿を目にしたそうです。

私はこの話を聞いた時に、涙が出そうになりました。これこそが、心をこめた真のおもてなしなのです。

クライアントを超えたパートナーとして

このようにして、西鉄グランドホテルとセイビ九州は、これまでの50年間を共に歩んできました。この歴史を「古さ」ではなく、当ホテルならではの「味わい」に昇華させてくれているのは、ホテルスタッフとセイビ九州の皆さんが共に切磋琢磨を続けてきたおかげだと感じています。まさしくホテルの財産です。

今はコロナで厳しい時代になっていますが、必ずまた経済にも元気が戻ってきます。その時までお互い耐えながら、〝最高のパートナー〟として一緒にいい時を迎えましょう。

これからも宜しくお願い致します。

インタビュー：2021年5月11日

あとがき

客室清掃チーフの成長物語、いかがでしたでしょうか。自分の夢に向かって頑張る主人公の姿に共感を覚えていただけたら、そして客室清掃の現場を知っていただく一助となりましたら幸いです。

お客様にとって、ホテルで働く人には主役も脇役もなく、全てが「ホテルの人」です。客室清掃スタッフもその視線を常に念頭に置き、清掃のプロとしてホテルに貢献するだけでなく、笑顔や接客態度も大切にしなくてはなりません。その上で、自分たちが「価値ある仕事」をしているというプライドを持つことが、この仕事におけるやりがいにつながります。こうしたマインドを引き出せるかどうかは、現場チーフの力量にかかっているのです。

セイビ九州が現在最も力を入れているのが、「チーフの育成」です。客室清掃スタッフが多様化し、働き方も変化していく中で、ともすれば一人ひとりの中で失われがちな「プロ意識」を保ち、チームをまとめ、ホテルの価値をつくり出していく。同時に、スタッフへ仕事のやりがいを提示してみせながら、自分自身も責任者としてのモチベーションを高めていく……そんなチーフを一人でも多く輩出していこうと日々取り組んでいます。

＊　＊　＊

当社では、主に客室清掃業務を通じてホテルに貢献していますが、今後はよりサービスの枠を広げ、更なるニーズに応えていきたいと考えています。現在進行中のプロジェクトが、以下の2つです。

(1)ホテルの運営に寄与できるデータの提供

セイビ九州は創業から50年の歴史があり、現在も多くのクライアント様と取引をさせていただいています。おのずと、現場に関する様々な知見が日々蓄積されています。今後はそうしたものを可能な限りデータ化・可視化し、ホテルの健全な運営に役立てていただけるように活用していきたいと考えています。

例えば、このコロナ禍ではホテル業界の状況も目まぐるしく変わりました。その中で、「他のホテルの対応はどうか」「全体的に稼働率はどうなっているか」といった質問を受ける機会も多く、守秘義務に抵触しない範囲で情報を提供してきたのですが、こうした情報を集約し、具体化すれば、より客観的で分析しやすいデータが提供できるようになります。そのデータが、ホテル運営の現状分析や将来に向けての指針作りなどに役立てていただけるのでは、という発想です。

(2)サービスの細分化でニーズに応える

当社が提供するサービスは、主に以下のような要素で構成されています。

・現場スタッフの育成
・チーフの育成
・客室清掃スタッフの派遣
・客室清掃業務全体の運用、管理
・インスペクション（清掃点検）

これに対し、クライアント様からは「社内にスタッフはいるのでチーフだけが必要」「既存のスタッフを教育してほしい」「客室清掃で人手不足が起きているので○人のヘルプがほしい」といったリクエストを受けることもあります。こうしたニーズを満たすために、今後は責任者代行サービスを提供したり、清掃スタッフの教育をしたり、あるいは人手不足に対応するため一部のスタッフを派遣したり……といった「サービスの細分化」を行っていきたいと考えています。

実は、従来もスタッフ指導のご要望をいただいたことがあります。例えば、ある地域の旅館業組合から依頼され、客室の清掃レベルを上げるために半日の研修を行う、といった活動です。これらはあくまでもイレギュラーの対応だったのですが、年を追うごとにこうしたニーズが高まっていることを実感しています。

これに応えるため、サービスを部分的にも提供できる仕組みを作っていきたいと考えているのです。時代に合わせた業態の変化だと言うこともできます。

この50年で、ホテル業界も様々な面で変化を遂げました。その流れの中で、当社が貢献できることも多く生まれています。これまでの実績に甘んじることなく、研鑽と進化を続けながら業界の発展に寄与し、ひいては世の中の役に立ちたい。それが現在のセイビ九州の使命です。次の50年に向かって、スタッフと共に駆け続けていきたいと思います。

《編　著》

㈱セイビ九州

本社：〒 812-0011 福岡市博多区博多駅前 1-19-3 博多小松ビル 3F
TEL：092-451-4313　FAX：092-451-4315
https://www.seibiq.co.jp/

《SPECIAL THANKS》

取材協力　㈱西鉄ホテルズ　十時寛治 様
シナリオ　浮辺剛史

客室清掃の魔法 2 ―幸循環を生み出すチーフへの道―

令和 3 年 10 月 30 日　初版発行
令和 4 年 9 月 15 日　2 刷発行

編　　著　㈱セイビ九州
マ ン ガ　松本康史
発 行 者　田村志朗
発 行 所　㈱梓書院
〒 812-0044 福岡市博多区千代 3 丁目 2-1
tel 092-643-7075　fax 092-643-7095

ISBN978-4-87035-727-3